Holunder

Stefan Bausch
Edith Beckmann

Holunder

FONA

Vierte Auflage 2011

www.fona.ch

Verantwortlich für das Lektorat: Léonie Schmid

Gestaltung Inhalt: FonaGrafik

Foodfotos: Andreas Thumm (Seiten 24, 29, 35, 37, 38, 42, 44, 49, 53, 57, 60, 65, 71, 75); Patrick Zemp (Seiten 33, 46, 59, 68, 76, 81, 83), Jules Moser (27, 67)

Übrige Fotos: Kordes Jungpflanzen Handels GmbH (Seiten 12, 13, 15, 17); Edith Beckmann (Seiten 6, 10, 19, 23)

Lithos: Repro Schicker AG, Baar

Printed in Germany

ISBN 978-3-03780-287-8

Inhalt

11 Vorwort
12 Holundersorten
18 Anbau im Hausgarten
20 Holunder tut Wunder
21 Küchentipps
22 Wohnsitz von Frau Holle
23 Adressen und Feste

Mahlzeiten

26 Hirschkotelett mit Holunderbeersauce
28 Holunderbeer-Rotkraut
28 Hirschmedaillons mit Johannisbeer-Holunder-Sauce
30 Wildhasenrücken mit Holunderbeersauce
31 Steinpilzrisotto
32 Rehhaxe mit Holunderbeersauce
34 Wildschweinkotelett mit Steinpilz-Holunderbeerkruste
36 Poulet «Kiew» mit Parmesan-Kartoffeln
38 Hirsch-Saltimbocca mit Holunderbeersauce
40 Rehstreifen mit Holunderbeer-Brandyschaum
41 Vegetarische Holunderbeersauce
42 Kürbis-Maroni-Burger mit Holunderbeerschaum
44 Gebackene Rotkraut-Holunder-Rolle

Desserts

48 Mohn-Schupfnudeln mit Apfel-Holunderbeer-Kompott
50 Holunder-Panna-Cotta
51 Crêpes mit Quark-Holunderbeerkompott
52 Holunderblütensirup-Quark-Mousse mit Erdbeeren
54 Holunderravioli auf Englischer Creme
55 Holunderbeersuppe mit Grießklößchen
56 Holundergelee mit Maronischaum
56 Süße Küchlein mit Holunderbeerkompott
58 Kürbis-Holunderblütensirup-Schaum mit Himbeercoulis
60 Dörrapfelterrine mit Holunderbeerkompott
62 Holunderblütenküchlein
63 Schwarzes Holunderbeersorbet
63 Holunderblütensorbet mit Holunderblütensekt
64 Holunderblütenparfait mit Mangosauce
66 Sanddornparfait mit Holunderbeerkompott

Ofenfrisch

70 Birnenquarktorte mit Holunderbeeren

72 Dinkeltorte mit Holdersturm und Apfeleis
74 Holunderbeermuffins

Getränke
78 Holunderbeersaft
78 Holunderbeersirup
79 Holunderblütensekt
80 Erdbeer-Holunderblüten-Kir
82 Melonen-Molke-Drink
84 Würziger Holunderpunsch
84 Holunderpunsch
85 Holunderbeerlikör
85 Holunderblütensirup

Konfitüren, Kompott, Chutneys
88 Erdbeer-Holunderblüten-Konfitüre
88 Brombeer-Holunderbeer-Konfitüre
89 Pikantes Holunderbeerkompott
89 Holunder-Apfel-Gelee
90 Süßes Holunderbeerkompott
90 Holunderbeer-Chutney
91 Rotwein-Holunderbeer-Chutney

92 Register

Wo nicht anders erwähnt, sind die Rezepte für 4 Personen berechnet.

Vorwort

Natürlich gewachsene Lebensmittel sind voll im Trend, so auch der Holunder. Ernährungsbewussten Menschen, welche dem industriellen Geschmackseinerlei den Rücken gekehrt haben, ist kein Weg zu weit und kein Aufwand zu groß, die Geschenke der Natur zu pflücken. Mit Leidenschaft stehen sie am Herd, um Köstlichkeiten frisch aus Wald und Wiese auf den Teller zu zaubern oder für die Vorratshaltung einzukochen. Andere Menschen setzen auf «Lifestyle-Produkte». Auch da kommt der Holunder mit seinem heilkräftigen, das Immunsystem stärkenden Saft wie gerufen. Holundersaft färbt Mixgetränke kräftig rot und reichert «Vitaldrinks» mit Vitaminen und Mineralstoffen an.

Der Holunderstrauch freut sich auch über einen Platz im Hausgarten. Es gibt seit Kurzem sogar Kultursorten mit überaus attraktivem Laub in dunklem Purpurrot oder auch leuchtendem Goldgelb. Der bunt belaubte Holunder macht selbst Ziersträuchern Konkurrenz und liefert zudem noch Blüten und Beeren für die Küche. Der Holunder ist ein Geschenk der Natur und dient seit der Antike als heilsame Medizin. Dass Blüten und Beeren zudem noch köstlich schmecken, ist Grund genug, den altehrwürdigen Strauch der Frau Holle neu zu entdecken!

Holundersorten

Schwarzer Holunder (Sambucus nigra)
Synonyme: Holder, Hollerbeere, Fliederbusch
Von den rund 25 einheimischen Arten ist der Schwarze Holunder der bekannteste. Er ist fast in ganz Europa verbreitet und gedeiht bis auf 1500 m ü. M.
Der Strauch kann ohne weiteres 8 Meter hoch werden. Im Erwerbsanbau – und mit Vorteil auch im Hausgarten – wird der Busch auf maximal 3 Meter Wuchshöhe gehalten.
Dies erleichtert die Pflückarbeit von Blüten und Beeren: Holunder trägt am einjährigen Holz, also ausschließlich an denjenigen Trieben, die jeweils im Frühjahr neu sprießen.
Im Juni öffnen sich die kleinen, elfenbeinfarbenen Blüten, die auf tellergroßen Dolden sitzen und einen betörenden Duft verströmen.
Von Ende August bis Oktober reifen die Beeren, aber nicht alle zur gleichen Zeit, sondern in Etappen. Die mit Beeren behängten Triebe neigen sich zur Erde und lassen sich so leichter ernten. Reif sind die Beeren, wenn sie eine tiefschwarze Farbe haben und glänzen. Unreife Beeren sind ungenießbar und müssen aussortiert werden.

Im Gegensatz zu Wildformen reifen die Beeren von Kultursorten alle zur gleichen Zeit. Auch bezüglich Fruchtqualität sind sie dem wild wachsenden Holunder überlegen: Die Beeren enthalten mehr Farbstoffe und sind reicher an Vitaminen und Mineralstoffen.
Eine bewährte Sorte ist «Haschberg»; sie wurde 1965 in Österreich selektioniert. Der Name bezieht sich auf einen Berg in der Nähe von Wien. Die Beeren reifen im Talgebiet Ende August, in Höhenlagen rund einen Monat später. Sie werden von Vögeln weitgehend verschmäht. Mit etwa 6 Millimeter Durchmesser sind sie wenig größer als diejenigen der Wildformen. Eine Dolde wiegt rund 80 Gramm.

Schwarzer Holunder Sambucus nigra

Schwarzer Holunder – Buntblättriger Holunder
In jüngerer Zeit entstanden Abkömmlinge des Schwarzen Holunders mit sehr attraktivem Blattwerk. Sie werden höchstens drei Meter hoch und können auch geschnitten werden. Damit eignen sie sich auch für kleine Gärten. Buntblätterige Holunder-Sorten haben nicht nur einen hohen Zierwert, sondern sind auch robuste und pflegeleichte Nutzpflanzen. Die Blüten des purpurfarbenen Holunder sind kräftig rosa und duften nach Zitrone. Sie können wie die Blüten des schwarzen Holunders verwendet werden. Gleiches gilt für die violett-schwarzen Beeren.

Schwarzer Holunder – Sambucus nigra «Black Beauty» (Gerda)
Er macht seinem Namen als «Schwarze Schönheit» alle Ehre: Er schmückt sich von Frühjahr bis zum Blattfall im Herbst mit schwarzroten Blättern. Tief dunkelrot ist auch das Blattwerk seiner Schwester, der «Pink Beauty».

Schwarzer Holunder – Sambucus nigra «Black Lace»
Erinnert mit den tief geschlitzten, filigranen Blättern in einem tiefem Weinrot an den Japanischen Ahorn. Die Blütendolden haben einen Durchmesser von rund 15 Zentimetern und erscheinen im Mai und Juni.

Schwarzer Holunder – Sambucus nigra «Guincho Purple»
Verwandlungskünstler. Der Blattaustrieb im Frühling ist tief weinrot, im Sommer wechselt das Laub zu einem attraktiven Dunkelgrün mit einem Hauch von Blau und im Herbst lenken die Blätter mit ihrem leuchtenden Purpurrot den Blick auf sich. Die rosa Blütenknospen verfärben sich beim Öffnen der Blüte weiß-rosa. Die Beeren haben die gleiche Farbe wie die des Schwarzen Holunders.

Schwarzer Holunder – Sambucus nigra «Aurea»
Eine sehr spezielle Holundersorte. Die goldgelben Blätter leuchten vom Frühjahr bis zum Laubfall. Die Blüten sind weiß und bilden einen hübschen Kontrast zur Laubfarbe, gleich wie die schwarzen Beeren.

Sambucus nigra
«Black Beauty» («Gerda»)

Sambucus nigra «Guincho Purple»

Sambucus nigra «Black Lace»

Roter Holunder (Sambucus racemosa)
Im Gegensatz zum Schwarzen Holunder sitzen die Beeren des Roten Holunders zu kleinen Trauben angeordnet am Strauch. Deshalb heißt das Gehölz auch «Traubenholunder». Andere gebräuchliche Namen sind Hirsch- oder Berg-Holunder. Der Rote Holunder ist in Wäldern und Gebüschen praktisch in ganz Europa heimisch und gedeiht sogar in Berggebieten bis auf 2000 m ü. M.
Als wertvolles Gehölz für Vögel und für die biologische Vielfalt wird der Traubenholunder vermehrt in Naturhecken gepflanzt. Mit seinem weit reichenden Wurzelwerk verankert sich der Strauch kräftig im Boden und eignet sich so hervorragend zur Befestigung von Böschungen und Hängen.
Der Rote Holunder bevorzugt nährstoffreichen, kalkarmen Boden und einen halbschattigen bis sonnigen Standort. Der Busch wird in der Regel nur ein bis drei Meter hoch.
Die gelblichgrünen Blüten öffnen sich im April und verströmen einen süßlichen Duft. Sie sind in kegelförmigen Rispen angeordnet und bilden schirmförmige Trugdolden. Für den Verzehr sind die Blüten des Roten Holunders nicht geeignet.
Schon Ende Juni reifen die scharlachroten Beeren, und damit etwa zwei Monate vor dem Schwarzen Holunder. Sie haben einen Durchmesser von fünf Millimeter und sitzen dicht gedrängt an kompakten Grappen, die ungefähr 20 Gramm schwer sind.
Aber Vorsicht: Die Samen sind giftig! Roter Holunder wird deshalb zu Saft verarbeitet, den man zu Sirup und Gelee einkochen kann. Geschmack und Aroma sind etwas herber als beim Schwarzen Holunder.

Weißer Holunder (Sambucus nigra «Albida»)
Woher der Holunder mit den hübschen honigfarbenen Beeren stammt, ist nicht bekannt. Wuchs, Standort, Bodenqualität, Kultur und auch Reifezeit sind gleich wie beim Schwarzen Holunder. Nur der Ertrag ist etwas geringer. Die Beeren des Weißen Holunders enthalten mehr Zucker als die des Schwarzen Holunders. In der Zubereitung sind sie identisch.
Dass bei Reife den gelben Beeren der dunkelrote Farbstoff fehlt, hat auch seine guten Seiten. Die Gefahr pechschwarzer, hartnäckiger Flecken entfällt. Gleiches gilt für den Anbau im Hausgarten. Wo Vögel Schwarzen Holunder naschen, muss mit intensiv gefärbten Kotspuren gerechnet werden. Auf Steinplatten oder einem Holzdeck kann das ärgerlich sein.

Roter Holunder

Sambucus racemosa

Zwergholunder

Sambucus ebulus

Vorsicht: Verwechslungsgefahr!

Zwergholunder (Sambucus ebulus)

Der Zwergholunder, der auch Attich genannt wird, ist kein Gehölz, sondern ein mehrjähriges Kraut. Er hat unpaarig gefiederte Blätter, die einen unangenehmen Geruch verbreiten. Die Beeren sind denjenigen des Schwarzen Holunders zum Verwechseln ähnlich und reifen im September und Oktober. Aber aufgepasst: Die Beeren sind ausgesprochen giftig und dürfen unter keinen Umständen verzehrt werden! Attich gedeiht wild an Waldrändern, im lichten Unterholz und an Feldrainen. Er wird bis zu 150 cm hoch. Die weißen Blüten sind rosa angehaucht und haben purpurfarbene Staubbeutel. Die Dolden blühen zwischen Juni und August. Die Blüten eignen sich weder für den Verzehr noch für Tee!

Der Zwergholunder war ursprünglich eine Heilpflanze und wurde in der Volksmedizin als harn- und schweißtreibendes Mittel eingesetzt. Die Pflanze enthält Glykoside (Ebulosid), die bei Kindern zu Vergiftungen geführt haben. Wegen der unberechenbaren Giftstoffe ist das Kraut aus dem offiziellen Heilmittelschatz gestrichen worden.

Anbau im Hausgarten

Ein Holunderbusch darf in einem naturnahen Hausgarten nicht fehlen: 62 Vogelarten und 8 verschiedene Säugetiere nutzen die schwarzen Beeren als Nahrungsquelle. Einzig die Kultursorte «Haschberg» wird erstaunlicherweise von Vögeln gemieden.
Holunder lässt sich gut in Hecken integrieren und beschattet auch den Kompostplatz.
Vorsicht ist in unmittelbarer Nähe von Bodenbelägen geboten: Herunterfallende Beeren hinterlassen intensive Farbspuren, die sich nur schwer wieder entfernen lassen!
In solchen Fällen empfiehlt sich der Anbau von Weißem Holunder (siehe Holundersorten Seite 16).
Zwar bevorzugt der Holunder Halbschatten, er gedeiht aber auch an einem schattigen oder sonnigen Standort. Der Boden sollte nährstoffreich und feucht sein. Bei längerer Trockenheit ab und zu gießen.

So wird gepflanzt

Die beste Pflanzzeit für einen Holunder ohne kompakten Wurzelballen ist im Spätherbst. Containerpflanzen können hingegen das ganze Jahr gepflanzt werden, wenn der Boden nicht gefroren ist. Ein Strauch braucht rund drei Quadratmeter Fläche.
Pflanzgrube großzügig ausheben, damit die Wurzeln genügend Platz haben. Weil die Mäuse die fleischigen Wurzeln lieben, kleidet man an gefährdeten Orten die Grube am besten mit Kaninchendraht aus!
Das Gehölz nicht tiefer einpflanzen, als es in der Baumschule gewachsen ist. Am besten geht das Pflanzen zu zweit: Eine Person stellt den Busch in die ausgehobene Grube, die zweite schaufelt humusreiche Erde hinein. Den Humus mit dem Schuhabsatz leicht festtreten. Eine kreisförmige Vertiefung um das Gehölz anbringen, welche das Gießwasser auffängt. Den frisch gepflanzten Busch tüchtig mit der Gießkanne (ohne Brause) einschwemmen. Das Wasser sorgt für einen guten Bodenkontakt der Wurzeln.

Schnitt und Pflege

Im Frühjahr 60 Gramm organischen Volldünger pro Quadratmeter auf die Erde streuen und oberflächlich einhacken. Eine Bodenabdeckung aus halb verrottetem Kompost ist ideal.
Der Kompost versorgt das Gehölz laufend mit Nährstoffen und schützt die Erde vor dem Austrocknen.
Alle Holunderarten können geschnitten werden. In der Regel wird nach dem Laubfall im Herbst auf die gewünschte Wuchshöhe zurückgeschnitten. Dichten Wuchs bei Bedarf aus-

lichten. Die überzähligen Äste knapp über dem Boden abschneiden. Aus den geschnittenen Zweigen können etwa 30 Zentimeter lange Bündel geschnürt werden, die Wildbienen und anderen Insekten als Nisthilfe dienen.
Die Kultursorte «Haschberg» kann als Bäumchen gezogen werden. Dazu einen dicken Trieb als Stämmchen stehen lassen und die unteren Triebe laufend entfernen.

Buntblättrige Holunder

Neue Abkömmlinge des Schwarzen Holunders machen mit ihrem farbenprächtigen Blattwerk Furore. Die Sorten sind genauso einfach zu kultivieren wie die Art «Sambucus nigra». Nebst dem Zierwert liefern sie auch Blüten und Beeren für die Küche.
Überblick über die speziellen Kultursorten: siehe Seiten 14 bis 17.

Holunder tut Wunder

Eine alte Bauernweisheit besagt, dass der Holunder eine ganze Hausapotheke ersetzen kann. Mittlerweile ist seine Heilkraft auch wissenschaftlich belegt.
Ausgrabungen in der Schweiz und in Oberitalien haben ergeben, dass man den Holunder bereits zur Steinzeit kannte.
Eine Heilpflanze ist er seit der griechischen und römischen Antike. Hippokrates (460–377 v. Chr.), Begründer der modernen Medizin, nannte viele Heilanwendungen.
Fasziniert vom Holunder und seinen heilkräftigen Inhaltsstoffen war auch Hildegard von Bingen (1089–1179). In der Volksmedizin ist man durch die Jahrhunderte immer wieder auf neue Anwendungen gestoßen. So fördern Blüten und Beeren auch die Ausscheidung und sind damit ein empfehlenswertes «Blutreinigungsmittel», sie lindern Rheuma, Gicht und Hautkrankheiten.

Tee aus Holunderblüten

Die schweiß- und harntreibende Wirkung von Holunderblüten ist auf ätherische Öle zurückzuführen. Sie stärken die allgemeine körperliche Abwehrkraft und wirken schleimlösend.

Gegen Grippe, Erkältungskrankheiten und fieberhafte Infekte hilft Tee aus Holunderblüten für eine Schwitzkur: 2 Teelöffel (2 bis 4 g) Blüten mit einer Tasse voll siedendem Wasser übergießen, 5 Minuten ziehen lassen. Nach Belieben mit Honig süßen und schluckweise heiß trinken. Dann ins Bett liegen und schwitzen. Tagesmenge: 1 bis 2 Tassen.
Bei Halsschmerzen und Angina mit Tee aus Holunderblüten gurgeln!

Heilsame Holunderbeeren

Ähnliche Heil- und Inhaltsstoffe wie die Blüten haben auch die Beeren. Anstelle von Tee kann Holundersaft erhitzt werden.
Im Gegensatz zu den Blüten wirken die Beeren leicht abführend. Getrocknete Beeren sind hingegen ein bewährtes Mittel bei Durchfall: 3 x täglich 10 getrocknete Beeren kauen.
Eine neuere Studie der Universität Jerusalem bestätigt einmal mehr die Heilwirkung von Holunder. Die Forscher haben herausgefunden, dass die in den Beeren enthaltenen Eiweißstoffe Krankheitserreger abfangen, bevor sie die Zellen angreifen können.
Die Vitamine A und C stärken das Immunsystem. Tipp: Beim ersten Anflug einer Erkältung Blütentee, Beerensaft, Suppe oder Mus konsumieren!

Küchentipps

Holunderbeeren

Die Beeren nicht roh verzehren: Die Samen enthalten Sambunigrin, das Brechreiz und Durchfall verursachen kann. Durch Erhitzen auf mindestens 80 °C wird dieser Inhaltsstoff unschädlich.

Nebst den Kernen enthalten auch die Doldenstiele und die unreifen Holunderbeeren reichlich Sambunigrin. Vor der Verarbeitung werden die Stiele entfernt und die unreifen Beeren aussortiert.

Die Holunderbeeren können mit einer Gabel von den Dolden gestreift werden. Aber Vorsicht: Holundersaft verursacht Flecken, die sich nur schwer entfernen lassen! Das kann vermieden werden, wenn man die Holunderdolden in einem Folienbeutel im Tiefkühler einfriert. Gefrorene Beeren lassen sich leicht von den Dolden schütteln!

Das Tiefkühlen empfiehlt sich auch dann, wenn der Holunder nicht unmittelbar nach der Ernte oder dem Kauf verarbeitet werden kann. Denn lange aufbewahren sollte man die Beeren nicht, weil schon kurz nach der Ernte der Abbau der gesunden, heilwirksamen Inhaltsstoffe einsetzt.

Zum Trocknen abgestreifte Beeren einlagig auf einem Kuchenblech ausbreiten und ein paar Tagen stehen lassen. Nachtrocknen im Backofen bei höchstens 50 °C . Die Backofentüre einen Spalt breit offen lassen. Variante: Dörrapparat verwenden und gemäß Gebrauchsanweisung vorgehen. Getrocknete Beeren in gut schließendem Glas/Gefäß aufbewahren.

Holunderblüten trocknen (für Tee)

Für die Ernte die Dolden mit einer Schere direkt beim Stielansatz abschneiden. Nur Dolden ernten, die voll aufgeblüht sind. Am besten in einem Korb sammeln. Die Stängel sind leicht giftig (siehe oben). Die Blütendolden auf Insekten/Ungeziefer kontrollieren, dieses behutsam abschütteln oder von Hand abstreifen. Dolden nebeneinander auf Haushaltpapier oder anderes unbedrucktes Papier legen und an einem schattigen Ort trocknen. Richtig trocken sind die Blüten, wenn sie bei Berührung rascheln. Dann lassen sie sich mit der Hand leicht von den Stielen streifen. Die getrockneten Blüten in einem gut schließenden Glas/Gefäß aufbewahren. Vorsicht: Sie nehmen leicht Feuchtigkeit auf und zersetzen sich dadurch.

Wohnsitz von Frau Holle

Mythologie und Volksglaube

Wenn die Schneeflocken tanzen und es so richtig schön schneit, dann werden Kindheitserinnerungen an Frau Holle wach. Gemäß Überlieferung hat die germanische Hausgöttin «Holder/Holla» den Holunderbusch zu ihrem Wohnsitz erkoren.

Es braucht keine große Vorstellungskraft, um in den Blütendolden Schneeflocken zu sehen. Im Grimm-Märchen «Frau Holle» bezieht sich wohl das Pech auf die glänzend schwarzen Holunderbeeren, deren dunkle Flecken ja wirklich kaum zu entfernen sind.

In der nordischen Sagenwelt ist auch die Liebesgöttin Freya in den Holunderbusch eingezogen. Als «Baum der Königin» gaben ihm die Kelten eine bedeutungsvolle Rolle in ihrem Baumkalender.

«Hut herunter vor dem Holunder» war im Mittelalter eine gebräuchliche Ehrerbietung für den «Heiligen Strauch».

Dem Holunderstrauch wurde nachgesagt, dass er einem Schutz bietet, wenn man nicht erkannt werden wollte. Liebende trafen sich unter einem blühenden Holunder, um vor Blicken sicher zu sein, und der intensive Duft der Blüten schien eine anregende Wirkung zu haben («Auf Johanni blüht der Holler – da wird die Lieb' noch toller.»)

Auch der Kinderreim «Holle, holle, husch, husch, husch – sitzen alle hinterm Hollerbusch» und die Tatsache, dass Reisende früher möglichst ihren Schlafzplatz unter einem Holunderbusch suchten, belegen diesen Volksglauben. Unter dem Holunder ließ es sich gut schlafen und man war vor bösen Geistern oder auch bösen Menschen gut geschützt.

Saft mit intensiver Farbkraft

Holundersaft diente schon immer zur Färbung von Stoffen und Leder. Je nach zugesetzter Säure entstanden rote, schwarze oder blaue Farbtöne. In der römischen Aristokratie färbten die Damen die Haare mit Holundersaft.

Ein tiefschwarzer Farbstoff kann aus der Rinde des Gehölzes gewonnen werden. Die Blätter färben moosgrün.

Durch die Verschärfung des Lebensmittelgesetzes, das chemische Farbstoffe mehr und mehr verbietet, kommt der Holundersaft zu neuen Ehren. Holunder ist auch ein wichtiger Bestandteil in vielen roten Mixsäften, den so genannten «Vitaldrinks», die gefragter denn je sind.

Adressen und Feste

Schweiz

Häberli Obst- und Beerenzentrum
9315 Neukirch-Egnach
Adressverzeichnis (auch für EU-Länder)
www.haeberli-beeren.ch

Hauenstein AG, Baumschulen
Landstrasse 42, 8197 Rafz
www.hauenstein-rafz.ch

Lubera AG
Lagerstrasse, 9470 Buchs
www.lubera.ch/de

Deutschland

Kordes Jungpflanzen Handels GmbH
Mühlenweg 8, 25485 Bilsen
www.koju.de

Pflanzmich GmbH
Elbchaussee 136, 22763 Hamburg
www.pflanzmich.de

Rühlemann's Kräuter & Duftpflanzen
Auf dem Berg 2, 27367 Horstedt
www.ruehlemanns.de

Hof Stegerhoff
Marienthaler Strasse 44
46348 Raesfeld-Erle
www.stegerhoff.de
Besondere Empfehlung:
Holunderblütenlikör

Holunderkönigin

Alle 2 Jahre (2009) wählt der Landkreis Neustadt a. d. Waldnaab zur Holunderblüte im Mai eine Holunderkönigin, die diesen typischen Strauch der «Holunderregion» Oberpfalz vertritt.
Mehr Infos: Walter Heidenreich
WHeidenreich@neustadt.de

Holunderfest

Jedes Jahr im Herbst feiert der Holunderhof Helle, ein kleiner ökologischer Hof, auf dem Kinder mitarbeitend die Landwirtschaft erleben können, sein Hof- und Holunderfest, auf dem die Projekte des vergangenen Jahres und Holunderspezialitäten zum Kosten und Kaufen vorgestellt werden.
Holunderhoff Helle
24351 Thumby/Damp
www.holunderhof-helle.de

Mahlzeiten

Hirschkotelett mit Holunderbeersauce

4 Hirschkoteletts,
je 120–140 g
10 zerdrückte
Wacholderbeeren
10 zerdrückte schwarze
Pfefferkörner
einige Orangenzesten
1 EL Olivenöl
extra nativ
2 EL Bratbutter/
Butterschmalz

Sauce
1 EL Rohrohrzucker
1 dl/100 ml Apfelsaft
4 Holunderbeerdolden,
Beeren abgestreift
½ dl/50 ml Wildfond,
Seite 30
1 Msp Kardamompulver
½ TL frisch gemahlene
Koriandersamen
20 g kalte Butterflocken

1 Wacholderbeeren, Pfefferkörner und Orangenzesten mit dem Olivenöl verrühren, die Koteletts mit der Marinade einstreichen. Fleisch am besten über Nacht zugedeckt im Kühlschrank marinieren.

2 Für die Sauce den Rohrohrzucker karamellisieren, mit dem Apfelsaft ablöschen, auf die Hälfte einkochen. Holunderbeeren zufügen, bei schwacher Hitze 10 Minuten kochen. Bratenjus unter die Sauce rühren, erhitzen, würzen. Kurz vor dem Servieren die kalte Butter stückchenweise unterrühren.

3 Für das Fleisch die Bratbutter in einer Bratpfanne erhitzen, die Hirschkoteletts beidseitig je 3 Minuten braten.

4 Die Koteletts mit der Sauce auf vorgewärmten Tellern anrichten.

Tipp

Mit dem Holunderbeer-Rotkraut, Seite 28, und den Schupfnudeln (Mohnzucker durch Kräutersalz ersetzen), Seite 48, servieren.

Holunderbeer-Rotkraut

Beilage

500 g Rotkabis/-kohl
300 g säuerliche Äpfel
1 mittelgroße Zwiebel
100 g Holunderbeeren
½ l Rotwein
5 EL Rotweinessig
2 EL Zucker
2 EL Kräutermeersalz
frisch gemahlener schwarzer Pfeffer
2 EL Risotto-Reis

1 Rotkabis auf dem Gemüsehobel oder von Hand fein schneiden. Äpfel mit Schale vierteln, entkernen, die Fruchtviertel in feine Scheiben schneiden.

2 Sämtliche Zutaten mischen, bei Zimmertemperatur über Nacht zugedeckt marinieren.

3 Den Backofen auf 150 °C vorheizen.

4 Mariniertes Rotkraut in einer flachen Pfanne aufkochen, im Ofen zugedeckt bei 150 °C 2 Stunden weich schmoren. Von Zeit zu Zeit rühren. Eventuell nachwürzen.

Hirschmedaillons

mit Johannisbeer-Holunder-Sauce

2 EL Olivenöl extra nativ
2 EL Butter
4 Hirschmedaillons, je 120 g
frisch gemahlener Pfeffer
Kräutersalz
2 Wacholderbeeren
½ Orange, Saft
4 EL Holunder-Apfel-Gelee, Seite 89
180 g Crème fraîche
150 g Johannisbeeren
1 Schuss Portwein
abgezupfte Thymianblättchen

1 Olivenöl und Butter in der Bratpfanne erhitzen, die Hirschmedaillons beidseitig kurz braten. Warm stellen.

2 Wacholderbeeren zerdrücken, mit Orangensaft in die Bratpfanne geben, Bratfond auflösen, Holunderbeer-Apfel-Gelee und Crème fraîche unterrühren, sämig einkochen lassen, Johannisbeeren unterrühren, mit Portwein und Thymian abschmecken.

Tipp

Mit Polenta, Nudeln oder Bratkartoffeln servieren.

Abbildung

Wildhasenrücken mit Holunderbeersauce

2 Wildhasenrücken,
je 250 g
Salz
frisch gemahlener Pfeffer
1 EL Bratbutter/
Butterschmalz
1 dl/100 ml Rotwein
3 dl/300 ml Wildfond
2 EL schwarzer
Holunderbeerlikör,
Seite 85
6 EL Holunderbeeren
2 EL Butter
4 EL grob gehackte
Haselnüsse

Wildfond
(für 1 l Fond)
ca. 600 g Knochen und
Fleischabschnitte von
Wildfleisch (Metzger)
Salz
frisch gemahlener Pfeffer
20 g Senf
100 g Kalbsnierenfett
(Metzger)
200 g Zwiebeln
40 g ungeschälte
Knoblauchzehen
½ l Rotwein
1 l Wasser

1 Hasenrücken vom Metzger auslösen und vorbereiten lassen. Die zerkleinerten Knochen und Fleischabschnitte werden für den Wildfond verwendet (siehe Punkt 2).

2 Knochen wie für ein Ragout mit Salz und Pfeffer würzen, mit Senf einstreichen. Kalbsnierenfett in einem Gusseisentopf erhitzen, Knochen und Fleischabschnitte beifügen und anbraten. Topf in den Ofen schieben, bei 220 bis 250 °C rösten, öfter rühren. Nach 30 Minuten grob gehackte Zwiebeln und Knoblauchzehen zufügen, nochmals 10 Minuten rösten. Topf aus dem Ofen nehmen, Rotwein und Wasser zugeben, auf dem Kochherd bei schwacher Hitze etwa 2 Stunden kochen. Weder abschäumen noch entfetten. Knoblauchzehen, Fleisch und Knochen entfernen, den Fond durch ein Chromstahlsieb passieren, die Knoblauchzehen aus der Haut drücken, zum Fond geben. Erkalten lassen. Nach ein paar Stunden ist das Fett hart und kann entfernt werden. Den Fond mit dem Schneebesen gut verrühren. Portionieren und tiefkühlen.

3 Die Wildhasenrückenfilets mit Pfeffer und Salz leicht würzen. In der Bratbutter rundum anbraten. Im vorgeheizten Ofen bei 70 °C ruhen lassen. Das Fleisch soll innen hellrosa bleiben.

4 Bratfond mit Rotwein ablöschen, den Wildfond zufügen, auf die gewünschte Dicke einköcheln lassen. Abrunden mit Holunderlikör. Die Holunderbeeren zufügen.

5 Die Haselnüsse in der Butter kurz rösten.

6 Mit der Sauce auf vorgewärmten Tellern einen Spiegel gießen, die Wildhasenrückenfilets in Scheiben schneiden, anrichten. Haselnüsse darüber streuen.

Tipp

Mit Spätzle, Polenta oder breiten Nudeln servieren.

Steinpilzrisotto

Risotto

1 EL Olivenöl extra nativ
1 kleine Zwiebel, fein gehackt
160 g Risottoreis
4½ dl/450 ml Gemüsebrühe
1 dl/100 ml Weißwein
1 Lorbeerblatt
2 Nelken

Pilze

1 EL Butter
2 Schalotten, gehackt
200 g Steinpilze
40 g gehackte Petersilie
1 dl/100 ml Rahm/Sahne
2 EL Schlagrahm/-sahne
50 g geriebener Parmesan

1 Für den Risotto Zwiebeln und Reis im Olivenöl andünsten, mit 3 dl/300 ml Gemüsebrühe ablöschen, aufkochen, Weißwein und Gewürze zugeben, Reis bei schwacher Hitze al dente kochen, immer wieder Gemüsebrühe zugeben, häufig rühren.

2 Schalotten und Steinpilze in der Butter andünsten, Petersilie mitdünsten, mit dem Rahm ablöschen und ein wenig einkochen lassen.

3 Steinpilze unter den Risotto mischen, erhitzen, Schlagrahm und Parmesan unterziehen, nicht mehr kochen.

Rehhaxe mit Holunderbeersauce

4 Rehhaxen
1 EL Bratbutter/ Butterschmalz
Salz
4 Schalotten, geschält
Rotweinmarinade (siehe unten)
100 g Holunderbeeren
1 dl/100 ml Wildfond, Seite 30

Rotweinmarinade
2 dl/200 ml kräftiger Rotwein
1 EL gehackte Rosmarinnadeln
je 4 zerdrückte Piment- und Nelkenpfefferkörner
100 g Holunderbeer-kompott, Seite 89
1 TL Zitronenpfeffer
½ dl/50 ml Himbeeressig

4 Steinpilze
Salz
1 Paket Chapati

1 Den Backofen auf 180 °C vorheizen.
2 Alle Zutaten für die Rotweinmarinade aufkochen, heiß über die Rehhaxen gießen. Bei Zimmertemperatur zugedeckt 2 Stunden marinieren.
3 Die Haxen aus der Marinade nehmen, mit Küchenpapier trocken tupfen und salzen. Bratbutter in einer Bratpfanne erhitzen, die Haxen darin rundum anbraten. Die Schalotten zufügen und kurz mitbraten. Haxen und Schalotten in einen Schmortopf geben. Bratfett abgießen, Rotweinmarinade zufügen, aufkochen, Bratsatz auflösen, über die Haxen gießen. Holunderbeeren und Wildfond zufügen. Rehhaxen im Ofen zugedeckt bei 180 °C rund 60 Minuten weich schmoren. Aus der Sauce nehmen.
4 Sauce in ein Pfännchen gießen, bei mittlerer Hitze auf 2 dl/200 ml einkochen lassen, passieren.
5 Steinpilze längs halbieren, auf dem Grillrost Farbe annehmen lassen. Eine beschichtete Bratpfanne erhitzen, Chapati darin auf beiden Seiten kurz braten, bis sie Blasen werfen.
6 Die Rehhaxen mit Sauce und Steinpilzen anrichten. Die Chapati dazulegen.

Wildschweinkotelett mit Steinpilz-Holunderbeerkruste

8 Wildschweinkoteletts
Kräutersalz
frisch gemahlener Pfeffer

Kruste
1 EL Butter
2 Schalotten, fein gehackt
150 g Steinpilze, klein gewürfelt
2 EL gehackte Petersilie
2 Eigelbe
20 g geriebener Parmesan
2 EL abgetropftes Holunderbeerkompott, Seite 89

Maisschnitte
½ l Wasser
1 TL Gemüsebrühe-extrakt
1 Lorbeerblatt
150 g Bramatamais
Salz
frisch gemahlener Pfeffer

Bratbutter/Butterschmalz

1 Für die Maisschnitten das Wasser mit den Gewürzen aufkochen, Mais zugeben und unter häufigem Rühren 30 Minuten bei schwacher Hitze köcheln, eventuell braucht es noch mehr Flüssigkeit. Polenta auf einem eingefetteten Blechrücken verstreichen, auskühlen lassen.
2 Schalotten in der Butter andünsten, Steinpilze und Petersilie unterrühren, mitdünsten. Abkühlen lassen. Eigelbe, 1 EL Parmesan und Holunderkompott mit den Pilzen mischen.
3 Backofen auf Grillstufe (Oberhitze) vorheizen.
4 Von der Polenta Halbmonde ausstechen. In einer Bratpfanne Bratbutter erhitzen, Maismonde beidseitig braten.
5 Koteletts mit Salz und Pfeffer würzen, in der Bratbutter beidseitig anbraten, auf eine Gratinplatte legen, mit der Steinpilzmasse bedecken. Im Ofen bei starker Oberhitze überbacken.

Poulet «Kiew» mit Parmesan-Kartoffeln

4 große, ganze Pouletschenkel/Poulardenkeulen, ohne Haut
Salz
frisch gemahlener Pfeffer
Cognac oder Zitronensaft
100 g zimmerwarme Butter
3 TL Holunderbeer-Chutney, Seite 90
Cayennepfeffer

1 Ei, verquirlt
Paniermehl

Frittieröl

Kartoffeln
70 g Bratbutter/Butterschmalz
4 mittelgroße Kartoffeln, in der Schale gekocht
2 Eier
100 g geriebener Parmesan
1 EL Mehl
Salz
frisch gemahlener Pfeffer
Muskatnuss

1 Die Pouletschenkel mit Salz, Pfeffer und ein paar Tropfen Cognac marinieren.
2 Die weiche Butter luftig aufschlagen, Holunderbeer-Chutney unterrühren, mit Salz, Pfeffer und Cayennepfeffer würzen. Vier gleich große längliche Klößchen formen, im Tiefkühler fest werden lassen.
3 Die Kartoffeln schälen und längs in Scheiben schneiden. Die Eier verquirlen, Mehl und Parmesan unterrühren, mit Salz, Pfeffer und Muskatnuss würzen. Die Kartoffelscheiben im Mehl wenden, mit der Käsemischung sorgfältig mischen, in der Bratbutter braten.
4 Auf der Oberseite der Pouletschenkel, am Oberschenkel, eine Tasche einschneiden, diese mit der tiefgekühlten Holunderbeerbutter füllen, zuerst im verquirlten Ei, dann im Paniermehl wenden, wiederholen. Im Frittieröl schwimmend backen.

Tipp
Mit der Holunderbeersauce, Seite 41, und mit zweierlei knackig gedünsteten Karottenstäbchen (gelbe und orange Karotten), servieren.

Hirsch-Saltimbocca mit Holunderbeersauce

Saltimbocca

Bratbutter/Butterschmalz
8 Hirsch-Entrecôtes, je 50 g
8 kleine Scheiben Hirschschinken
8 Salbeiblätter
Salz
frisch gemahlener Pfeffer

Holundersauce

4 Schalotten
1 dl/100 ml Portwein
3 dl/300 ml Rotwein
1 TL Pfefferkörner
2 Wacholderbeeren
2 Lorbeerblätter
1 kleine Knoblauchzehe
2 EL Holunderbeerkompott, Seite 89
3 dl/300 ml Wildfond, Seite 30, oder Bratensauce
30 g kalte Butter

1 Für die Holundersauce Schalotten, Port- und Rotwein, Gewürze und Holunderbeerkompott zu einem Sirup einkochen. Wildfond zugeben, Sauce auf die Hälfte einkochen, durch ein Sieb passieren. Kurz vor dem Servieren die in Stückchen geschnittene kalte Butter unterrühren.

2 Die Hirsch-Entrecôtes mit je einem Salbeiblatt und einer Scheibe Hirschschinken belegen, ein wenig flach klopfen. Entrecôtes auf der Schinkenseite in der heißen Bratbutter braten, wenden und fertig braten, Seite ohne Schinken mit Salz und Pfeffer würzen.

Tipp

Mit dem Steinpilzrisotto, Seite 31, servieren.

Rehstreifen mit Holunderbeer-Brandyschaum

30 g Bratbutter/ Butterschmalz
600 g Rehschnitzel-fleisch (Fleisch zum Schnellbraten), in Streifen
20 g Butter
150 g Schalotten, gehackt
1 dl/100 ml Cognac
2 dl/200 ml Wildfond, Seite 30
1½ dl/150 ml Rahm/ Sahne
70 g Sauerrahm
Salz
frisch gemahlener Pfeffer
Zitronensaft
Cayennepfeffer
4 EL Holunderbeer-Chutney, Seite 90
2 EL Schlagrahm/-sahne

1 Fleisch mit ½ dl/50 ml Cognac und Pfeffer marinieren.
2 Bratbutter in einer Bratpfanne stark erhitzen, Fleisch beifügen und rundum anbraten, bis es Farbe angenommen hat, in ein Sieb geben, Saft auffangen.
3 Schalotten in der Fleischpfanne in der Butter schwach bräunen, mit dem restlichen Cognac und dem aufgefangenen Bratsaft ablöschen, zu Sirup einkochen.
4 Wildfond und Rahm erhitzen, ein wenig einkochen lassen.
5 Cognac- und Wildsauce mit dem Sauerrahm erhitzen, Rehfleisch zugeben, mit Salz, Pfeffer, Zitronensaft und Cayennepfeffer abschmecken, Holunderbeer-Chutney und Rahm unterrühren, nicht mehr kochen.

Vegetarische Holunderbeersauce

1 EL Olivenöl
1 mittelgroße Zwiebel
1 Karotte
½ Knollensellerie
1 Pastinake
1 kleiner Lauch
2 Knoblauchzehen
1 kleine rote Chilischote
120 g Tomatenpüree
½ l Rotwein
½ l Wasser
4 Gewürznelken
1 TL Pfefferkörner
2–3 Lorbeerblätter
Palmzucker (Jaggery)
Sojasauce
Balsamico
Gemüsebrühepulver
3–4 EL Holunderbeer-Chutney, Seite 90
20 g kalte Butter

1 Das Gemüse waschen, nicht schälen, in grobe Stücke/Würfel schneiden.

2 Das Gemüse im Olivenöl andünsten, bis es Farbe angenommen hat, das Tomatenpüree unterrühren, weiterdünsten, bis es sich dunkel verfärbt, dabei den Pfannenboden mit einem Holzspachtel immer wieder frei kratzen, mit 1½ dl/150 ml Rotwein ablöschen, einkochen lassen. Wieder 1½ dl/150 ml Rotwein zugeben, einkochen lassen. Mit dem Rest gleich verfahren. Mit dem Wasser auffüllen, Gewürze beigeben, mit Palmzucker, Balsamico, Sojasauce und Gemüsebrüheextrakt würzen, 10 Minuten köcheln lassen.

3 Den Topfinhalt durch ein Haarsieb passieren, in den Topf zurückgeben, die Sauce auf die gewünschte Konsistenz einkochen lassen. Holunderbeer-Chutney unterrühren. Die kalte Butter stückchenweise unterrühren, nicht mehr kochen.

Tipp

Die Sauce passt zu vielen vegetarischen Gerichten, z. B. zu Getreideburgern, Omeletts, Blinis, Getreideauflauf/Gratin (Hirse, Dinkel usw.), zu Kartoffelstock/-püree, gedünstetem Herbstgemüse (Rosenkohl, Schwarzwurzeln, Knollensellerie, Karotten).

Kürbis-Maroni-Burger mit Holunderbeerschaum

Burger
500 g mehliger Kürbis, z. B. Potimarron
100 g Pastinaken
50 g Lauchstreifen
1 kleine Zwiebel
2 Knoblauchzehen
250 g tiefgekühlte Maroni/Esskastanien
1 rote Chilischote, aufgeschnitten, entkernt, in Streifchen
10 g Ingwer
2–3 EL gehackte Petersilie
100 g geschälte, geröstete Mandeln
150 g Vollmilch- oder Rahm-/Sahnequark
1–2 Eier
Salz, Pfeffer
Zitronensaft

geschälte (weiße) Sesamsamen zum Panieren
Bratbutter/Butterschmalz zum Braten

Holunderbeerschaum
1 dl/100 ml Gemüsebrühe
2 dl/200 ml Béchamelsauce
4 EL Holunderbeer-Chutney, Seite 90
1 dl/100 ml Rahm/Sahne
Salz
frisch gemahlener Pfeffer
Zitronensaft

1 Kürbis, Pastinaken und Ingwer schälen und auf der Bircher-Rohkostreibe fein reiben. Zwiebeln, Knoblauch, aufgetaute Maroni und Mandeln im Cutter nicht zu fein hacken.
2 Alle Zutaten bis und mit Mandeln mischen, Quark und Eier unterrühren, mit Salz, Pfeffer und Zitronensaft würzen.
3 Die Burgermasse am besten mit einem großen Eisportionierer portionieren, Kugeln auf die Sesamsamen setzen und diese flach drücken, wenden, Sesamsamen leicht andrücken.
4 Die Burger in der Bratbutter bei mittlerer Hitze langsam beidseitig braten.
5 Für den Holunderschaum die Gemüsebrühe mit der Béchamelsauce aufkochen, Holunderbeer-Chutney und steif geschlagenen Rahm unterziehen, abschmecken.

Tipp
Mit gedünstetem Gemüse kombinieren.

Gebackene Rotkraut-Holunder-Rolle

4–8 Filoteigblätter, je nach Größe

500 g gekochtes Rotkraut, Seite 28
2 EL Holunderbeer-Chutney, Seite 90
1–2 EL Sauerrahm/saure Sahne
Salz
Pfeffer
Cayennepfeffer
Balsamico

1 verquirltes Eiweiß zum Verkleben

Frittieröl

Gemüsestreifen
Olivenöl extra nativ
1 große Karotte
1 große Pfälzer Rübe/Gelbe Rübe
1 mittelgroßer Lauch
wenig Weißwein
wenig Gemüsebrühe
Kräutersalz
frisch gemahlener Pfeffer
Zitronensaft

1 Rotkraut, Holunderbeer-Chutney und Sauerrahm mischen, würzen. Die Masse sollte nicht zu feucht sein.
2 Große Filoteigblätter einmal falten, bei kleinen Filoteigblättern zwei aufeinanderlegen. Das Rotkraut auf der längeren Seite dem Rand entlang verteilen, aufrollen, Teigblatt mit dem verquirlten Eiweiß verkleben.
3 Karotte und Pfälzer Rübe schälen, mit dem Sparschäler Streifen abziehen. Beim Lauch die grobfasrigen Hüllblätter entfernen, längs halbieren, die Hälften in etwa 10 cm lange Stücke und diese längs in Streifen schneiden. Das Gemüse im Olivenöl andünsten, mit wenig Weißwein und Gemüsebrühe ablöschen, mit Kräutersalz und Pfeffer würzen, knackig dünsten. Mit einigen Spritzern Zitronensaft abschmecken.
4 Die Rotkraut-Holunder-Rollen frittieren.
5 Die Rollen in der Mitte diagonal halbieren, mit den Gemüsestreifen anrichten.

Tipp

Mit der Holunderbeersauce, Seite 41, servieren.

Desserts

Mohn-Schupfnudeln mit Apfel-Holunderbeer-Kompott

Schupfnudeln
250 g mehlig kochende Kartoffeln
25 g zimmerwarme Butter
25 g Quark
25 g Hartweizengrieß
1–2 Eigelbe
1 dl/100 ml Milch
1 gehäufter EL Mohnzukker (Mohnsamen und Staubzucker vermahlen)

25 g Butter
1 gehäufter EL Mohnzukker

Apfel-Holunder-Kompott
2 Äpfel
2 dl/200 ml Apfelsaft
1 Zimtstange
1 unbehandelte Zitrone, wenig abgeriebene Schale
4 EL süßes Holunderbeerkompott, Seite 90
10 g Butter

1 Kartoffeln in der Schale im Dampf weich kochen, schälen und zerkleinern, durch die feine Scheibe des Passevites/der Flotte Lotte drehen.

2 Butter luftig aufschlagen, zusammen mit Quark, Grieß, Eigelb, Milch und Mohnzucker zu den Kartoffeln geben, zu einem festen Teig zusammenfügen.

3 Für das Kompott Äpfel schälen, vierteln, entkernen, in Schnitze schneiden. Apfelsaft und Gewürze aufkochen, Äpfel zugeben und weich dünsten, Holunderbeerkompott unterrühren.

4 Aus dem Kartoffelteig portionsweise daumendicke Rollen drehen, die Rollen in 1 cm lange Stücke schneiden, daraus von Hand längliche Klößchen formen, die Enden spitz zulaufend.

5 Reichlich Salzwasser erhitzen, die Schupfnudeln portionsweise zugeben, an die Oberfläche steigen lassen, mit einem Schaumlöffel herausnehmen, im Eiswasser (Wasser mit Eiswürfeln) abkühlen.

6 Die Butter in einer Pfanne zerlassen, Schupfnudeln darin wenden und erwärmen.

7 Das Apfel-Holunder-Kompott erwärmen, Butter unterrühren.

8 Kompott auf Tellern anrichten, Schupfnudeln darauf verteilen, mit dem restlichen Mohnzucker bestreuen.

Holunder-Panna-Cotta

für 6–8 Portionen

Panna Cotta
8 dl/800 ml Rahm/Sahne
60 g Zucker
½ unbehandelte Zitrone, abgeriebene Schale
2 Espressolöffel Agar-Agar-Pulver (Bioladen, Reformhaus)
Holundersaft, von Holunderkompott

Birnenkompott
3 reife, feste Birnen
2 dl/200 ml Wasser
80 g Zucker
2 cl Williams (Birnenschnaps/-brand)
1 Vanilleschote, aufgeschnitten
einige Zitronenzesten

1 Portion süßes Holunderbeerkompott, Seite 90

1 Tassen, Schalen oder Förmchen im Tiefkühler vorkühlen.
2 Rahm, Zucker, Zitronenschalen und Agar-Agar-Pulver in einer Pfanne glatt rühren, unter Rühren aufkochen, 3 Minuten köcheln, ein wenig abkühlen lassen, den Holundersaft unterrühren, in die vorgekühlten Tassen/Schalen/Förmchen gießen, im Kühlschrank fest werden lassen.
3 Für das Birnenkompott Wasser, Zucker, Williams und Gewürze aufkochen. Die Birnen schälen, vierteln und entkernen, die Viertel längs halbieren, in den Fond legen, einmal aufkochen, Wärmequelle ausschalten, Früchte zugedeckt ziehen lassen.
4 Birnen aus dem Fond nehmen, auf großen Tellern anrichten, mit dem Holunderbeerkompott nappieren, Panna-Cotta neben den Birnen auf die Teller stürzen, Rand zuerst mit einem Messer lösen.

Variante
Birnen durch Quitten ersetzen.

Crêpes mit Quark-Holunderbeerkompott

Crêpeteig
2 Eier
2½ dl/250 ml Milch
30 g flüssige Butter
45 g Zucker
1 unbehandelte Zitrone, wenig abgeriebene Schale
1 Prise Salz
50 g Maisstärke

Bratbutter/Butterschmalz

Füllung
450 g Vollmilchquark oder Rahm-/Sahnequark
80 g Puderzucker
3 Eigelbe
120 g süßes Holunderbeerkompott, Seite 90
1 unbehandelte Zitrone, wenig abgeriebene Schale

Gratiniermasse
2 Eigelbe
1 Ei
80 g Zucker
wenig Kirsch
wenig abgeriebene Zironenschale
¼ Vanilleschote, längs halbiert
½ dl Rahm/Sahne, steif geschlagen

1 Das Salatsieb auf eine Schüssel stellen, mit einem Geschirrtuch auskleiden, Quark einfüllen und im Kühlschrank über Nacht abtropfen lassen.
2 Für den Crêpeteig Eier, Milch, Butter, Zucker und Gewürze gut verrühren. Maisstärke zugeben, Teig glatt rühren. In einer beschichteten Bratpfanne in der Bratbutter 4 dünne Crêpes ausbacken.
3 Für die Füllung Puderzucker und Eigelbe luftig aufschlagen, abgetropften Quark, Holunderbeerkompott und Zitronenschalen unterrühren.
4 Quarkmasse auf den Crêpes verstreichen, einrollen, kühl stellen.
5 Backofen auf 200 °C vorheizen.
6 Für die Gratinmasse alle Zutaten – ohne Schlagrahm – im Mixer schaumig schlagen, Schlagrahm unterziehen.
7 Crêpes diagonal in 3 Stücke schneiden, auf Tellern anrichten. Mit der Gratinmasse überziehen. Im Ofen bei 200 °C überbacken.

Tipp
Mit Vanilleeis servieren.

Holunderblütensirup-Quark-Mousse

mit Erdbeeren

400 g Vollmilchquark (Bioladen/Reformhaus)
80 g Eiweiß
50 g Zucker
2 dl/200 ml Holunderblütensirup, Seite 85
2 Espressolöffel Agar-Agar-Pulver (Reformhaus/Bioladen)
2½ dl/250 ml Rahm/Sahne

Erdbeersalat
250 g Erdbeeren
60 g Zucker
2 cl Grand Marnier
1 dl/100 ml Orangensaft
evtl. Zitronensaft

1 Das Salatsieb auf eine Schüssel stellen, mit einem Geschirrtuch auskleiden, Quark einfüllen und im Kühlschrank über Nacht abtropfen lassen. Quark luftig aufschlagen.
2 Eiweiß und Zucker zu Schnee schlagen.
3 Rahm steif schlagen.
4 Holunderblütensirup und Agar-Agar-Pulver in einem Pfännchen glattrühren, 3 Minuten kochen, Pfännchen von der Wärmequelle nehmen, Quark rasch unterrühren, Eischnee und Rahm unterziehen, über Nacht zugedeckt kühl stellen.
5 Erdbeeren entstielen und halbieren. Zucker karamellisieren, vorsichtig mit Grand Marnier und Orangensaft ablöschen, das Karamell auflösen, Flüssigkeit ein wenig einkochen lassen, nach Belieben mit Zitronensaft abschmecken, mit Erdbeeren vermengen.
6 Erdbeersalat auf Teller verteilen, Quarkmousse portionieren und darauf anrichten.

Holunderravioli auf Englischer Creme

Teig
75 g mehlig kochende Kartoffeln
1 Prise Salz
frisch geriebene Muskatnuss
175 g Weißmehl/Mehltype 405
ca. 30 ml kaltes Wasser

Füllung
50 g Marzipan
1–2 EL Rahm/Sahne
200 g süßes Holunderbeerkompott, Seite 90, abgetropft

1 verquirltes Eiweiß zum Bestreichen
½ l Erdnussöl zum Ausbacken
Puderzucker zum Bestäuben

Englische Creme
½ l Milch
2 Vanilleschoten, aufgeschnitten
6 Eigelbe
125 g Zucker

1 Kartoffeln waschen. Den Boden einer feuerfesten Form mit Salz bestreuen, Kartoffeln darauf legen. Im vorgeheizten Ofen bei 180 °C etwa 1 Stunde backen. Abkühlen lassen. Kartoffeln schälen, durch das Passevite/die Flotte Lotte in eine Rührschüssel drehen. Salz, Muskatnuss und Mehl zugeben, Wasser langsam zufügen, zu einem Teig kneten. Offen 20 Minuten ruhen lassen.
2 Marzipan mit dem Rahm verkneten.
3 Den Teig sehr dünn ausrollen und Rondellen von 5 bis 6 cm Durchmesser ausstechen, mit Eiweiß bepinseln. Auf der Hälfte der Rondellen 1 TL Marzipan verstreichen und 1 EL Holunderbeerkompott in die Mitte geben, eine zweite Rondelle darauf legen, die Ränder gut zusammendrücken. Im heißen Erdnussöl ausbacken, auf Küchenpapier abtropfen lassen, mit Puderzucker bestäuben.
4 Für die Englische Creme Milch und Vanilleschoten erhitzen, das Mark abstreifen und zur Milch geben. Die Eigelbe mit dem Zucker zu einer luftigen Masse aufschlagen, die Milch unterrühren. Die Creme in die Pfanne gießen, unter ständigem Rühren unter den Kochpunkt erhitzen, sodass sie bindet.
5 Die Englische Creme auf Teller verteilen. Ravioli darauf anrichten.

Holunderbeersuppe mit Grießklößchen

¾ l Holunderbeersaft, Seite 78
1 kleine unbehandelte Zitrone, abgeriebene Schale und Saft
1–2 EL Zucker
1 EL Speisestärke
2 säuerliche Apfel

Grießklößchen
2 dl/200 ml Milch
2 TL Butter
40 g Weizengrieß
1 Ei

1 Den Holunderbeersaft in einem weiten Topf aufkochen, mit Zitronenschalen und Zitronensaft sowie Zucker aromatisieren.
2 Speisestärke in einem Topf mit 1 bis 2 EL kaltem Wasser glattrühren, Holunderbeersaft zugeben, unter Rühren aufkochen, bei schwacher Hitze 5 Minuten köcheln lassen.
3 Die Äpfel schälen, vierteln und entkernen, Viertel in feine Scheiben schneiden, zur Suppe geben, bei schwacher Hitze warm halten.
4 Für die Grießklößchen die Milch mit der Butter aufkochen. Den Grieß unter Rühren einrieseln lassen, zu einem dicken Brei einköcheln lassen. Topf von der Wärmequelle nehmen, Ei unterrühren.
5 Vom Grießbrei mit zwei Teelöffeln längliche Klößchen abstechen, in der Holunderbeersuppe servieren.

Holundergelee

mit Maronischaum

für 4 bis 6 Personen

Gelee

4½ dl/450 ml Holunderbeersaft, Seite 78

1 TL Agar-Agar-Pulver (Reformhaus/Bioladen)

2 dl/200 ml Rahm/Sahne

4 EL ungesüßtes Maronipüree/Esskastanienmus

wenig Holunderbeersaft, Seite 78

1 Holunderbeersaft und Agar-Agar-Pulver unter Rühren aufkochen, 5 Minuten köcheln lassen, Gläser zu ¾ füllen. Gelee fest werden lassen.

2 Rahm steif schlagen. Maronipüree unterziehen, Masse in einen Spritzsack mit runder Tülle füllen, auf das Gelee spritzen. Mit Holunderbeersaft zeichnen.

Abbildung

Süße Küchlein

mit Holunderbeerkompott

Küchlein

2½ dl/250 ml Milch

4 Eier

4 TL Zucker

2 Msp Zimtpulver

100 g Weißmehl/Mehltype 405

60 g Sultaninen

100 g Brösel von trockenen Biskuits/Keksen

4 EL Butter

1 Portion süßes Holunderbeerkompott, Seite 90

1 Für die Küchlein Milch, Eier und Zucker und Zimtpulver verquirlen, Mehl zugeben, zu einem glatten Teig rühren, Sultaninen und Brösel unterrühren, Teig 30 Minuten ruhen lassen.

2 Den Teig mit einem Esslöffel portionieren, in einer beschichteten Bratpfanne in der Butter goldgelbe Küchlein ausbacken.

3 Küchlein mit heißem Holunderbeerkompott anrichten, sofort servieren.

Kürbis-Holunderblütensirup-Schaum

mit Himbeercoulis

für 6 Personen

200 g fruchtiges Kürbisfleisch ohne Schale und Kerne
1½ dl/150 ml Apfelsaft
0,7 dl/70 ml Holunderblütensirup, Seite 85
1¼ dl/125 ml Rahm/Sahne
½ Vanilleschote, aufgeschnitten, Mark abgestreift
200 g Vollmilchquark (Bioladen/Reformhaus)
1 unbehandelte Zitrone, abgeriebene Schale
Birnendicksaft nach Belieben

Himbeercoulis
150 g Himbeeren, evtl. tiefgekühlt und aufgetaut
2 EL Zitronensaft
2 EL Akazienblütenhonig

Kürbisstreifen/-stäbchen für die Garnitur
Holunderblütensirup, Seite 85

1 Für das Himbeercoulis sämtliche Zutaten mischen, 5 Stunden zugedeckt stehen lassen. Pürieren und durch ein Sieb streichen.
2 Kürbisfleisch auf dem Gemüsehobel grob raspeln, im Apfelsaft weich dünsten, Flüssigkeit ein wenig einkochen lassen, Holunderblütensirup zufügen, pürieren, auskühlen lassen.
3 Für die Garnitur die Kürbisstreifen in wenig Holunderblütensirup knapp weich garen.
4 Den Rahm steif schlagen, Vanillemark, Quark und Zitronenschalen unterrühren, mit Birnendicksaft nachsüßen.
5 Den Kürbisschaum auf die Gläser verteilen, das Himbeercoulis in die Mitte geben, einmal umrühren, mit den Kürbisstreifen garnieren.

Dörrapfelterrine mit Holunderbeerkompott

für eine runde Form von
18 cm Durchmesser

100 g Dörrapfelschnitze
½ l Apfelsaft
10 Lindenblüten
2 g Agar-Agar-Pulver
(Bioladen/Reformhaus)

Holunderbeerkompott
1 großer Apfel
300 g Holunderbeeren
1 dl/100 ml Apfelsaft
1 g Agar-Agar-Pulver
(Bioladen/Reformhaus)

1 Dörrapfelschnitze in eine Schüssel geben. Apfelsaft mit den Lindenblüten aufkochen, durch ein Sieb zu den Äpfeln gießen. 3 Stunden ziehen lassen. Dörräpfel und Apfelsaft aufkochen, bei schwacher Hitze 20 Minuten köcheln lassen. Agar-Agar-Pulver mit wenig Wasser verrühren, 2 Minuten vor Ende der Garzeit unter die Äpfel rühren.

2 Form mit Butter einfetten, Apfelmasse einfüllen, abkühlen lassen. Dann Dörrapfelterrine im Kühlschrank gut durchkühlen lassen, 6 Stunden oder länger, damit sie schnittfest wird.

3 Für das Holunderkompott Apfel schälen, vierteln und entkernen, die Fruchtviertel klein würfeln. Agar-Agar-Pulver mit wenig Apfelsaft verrühren. Sämtliche Zutaten aufkochen, 2 bis 3 Minuten köcheln, in einer Schüssel auskühlen lassen.

4 Die Dörrapfelterrine portionieren, auf Tellern anrichten, mit dem Holunderkompott umgießen.

Holunderblütenküchlein

ca. 20 Holunderblüten-
dolden

Ausbackteig
125 g Weißmehl/
Mehltype 405
1 TL Salz
2 dl/200 ml Mineral-was-
ser oder
trockener Weißwein
2 EL Öl
2 Eiweiß

Öl zum Frittieren

Puderzucker zum
Bestäuben

1 Für den Teig Mehl, Salz, Mineralwasser oder Weißwein und Öl zu einem glatten Teig rühren. Zugedeckt 1 Stunde quellen lassen. Eiweiß zu Schnee schlagen. Nach und nach unter den Teig heben.
2 Die Holunderblüten auf Insekten/Ungeziefer kontrollieren, vorsichtig abschütteln oder abstreifen.
3 Zum Frittieren das Öl auf etwa 180 °C erhitzen.
4 Jeweils eine Blütendolde am Stiel fassen und in den Teig tauchen. Dolde herausnehmen und den überschüssigen Teig abtropfen lassen. Dolde im heißen Öl goldgelb backen. Mit einem Schaumlöffel herausnehmen, auf Küchenpapier abtropfen lassen.
5 Holunderblütenküchlein mit Puderzucker bestäuben.

Schwarzes Holunderbeersorbet

2½ dl/250 ml Holunderbeersirup, Seite 78
½ dl/50 ml Holunderbeerlikör, Seite 85
1 dl/100 ml Wasser
½ Zitrone, Saft

Alle Zutaten gut verrühren. In der Eismaschine gefrieren lassen.

Holunderblütensorbet

mit Holunderblütensekt

für 8 Personen

Sorbet
3¾ dl/375 ml Holunderblütensekt, Seite 79
1¾ dl/175 ml Holunderblütensirup, Seite 85
½ dl/50 ml Zitronensaft

1 Alle Zutaten verrühren. In der Eismaschine gefrieren lassen.
2 Zum Servieren das Sorbet in einen Spritzbeutel mit Sterntülle füllen, in gekühlte Sektschalen spritzen. Mit wenig Sekt übergießen. Auf blumengeschmückten Tellern servieren.

Holunderblütenparfait mit Mangosauce

für eine Form von
1½ l Inhalt

Parfait
2 dl/200 ml Holunderblütensirup, Seite 85
6 Eigelbe
6 Eiweiß
70 g Zucker
½ l Rahm/Sahne

Mangosauce
500 g Mangos
2 dl/200 ml Apfelsaft
1 EL Zucker

1 Den Holunderblütensirup auf die Hälfte einkochen lassen, zum Eigelb geben, zu einer luftigen Masse aufschlagen.
2 Eiweiß und Zucker zu Schnee schlagen.
3 Den Rahm steif schlagen.
4 Eischnee und Schlagrahm unter die Eigelbmasse ziehen. Parfaitmasse in die vorbereitete Form füllen und im Tiefkühler fest werden lassen.
5 Für die Sauce die Mangos schälen, das Fruchtfleisch vom Stein schneiden. Mangos, Apfelsaft und Zucker aufkochen, Früchte bei schwacher Hitze weich garen, pürieren, nach Belieben mit Zitronensaft abschmecken.
6 Mangosauce auf Teller verteilen. Parfait portionieren und darauf anrichten.

Sanddornparfait mit Holunderbeerkompott

Sanddornparfait
6 Eigelbe
75 g Zucker
6 Eiweiß
75 g Zucker
1½ dl/150 ml Sanddornsirup
½ l Rahm/Sahne

Kakaopulver für die Garnitur

Holunderbeerkompott
200 g Holunderbeeren
100 g Zucker
wenig Zitronensaft

Sanddornsirup
1½ kg Sanddornbeeren
600 g Zucker

Schlagrahm/-sahne für die Garnitur

1 Für den Sirup die Sanddornbeeren in einem Topf knapp mit Wasser bedecken, aufkochen, bei schwacher Hitze 10 Minuten kochen, durch ein Baumwolltuch oder Sieb passieren. Den Sanddornsaft mit dem Zucker unter Rühren erhitzen. Den Sirup in vorgewärmte Flaschen mit Schraubverschluss füllen.

2 Für das Parfait die Eigelbe mit dem Zucker luftig aufschlagen. Das Eiweiß mit dem restlichen Zucker zu Schnee schlagen, abwechslungsweise mit dem Sanddornsirup unter die Eigelbmasse ziehen. Den Rahm steif schlagen und unterziehen. In eine gut vorgekühlte runde Form füllen. Im Tiefkühler einige Stunden fest werden lassen.

3 Für das Holunderbeerkompott Beeren mit dem Zucker aufkochen, 10 bis 15 Minuten bei schwacher Hitze kochen, mit ein wenig Zitronensaft abrunden.

4 Parfaitform kurz in heißes Wasser tauchen, Form stürzen und das Parfait portionieren. Auf Tellern anrichten, mit Sanddornsirup umgeben. Das Holunderbeerkompott dazu anrichten.

Tipp

Mit Blätterteigstängelchen und Zitronenmelisse garnieren.

Sanddornbeeren pflücken

Die mit Beeren reich behangenen Zweige abschneiden, in einen Folienbeutel füllen und tiefkühlen. Gefroren lassen sich die Beeren mit ein paar Schlägen auf einer Unterlage mühelos von den Zweigen abklopfen.

Sanddornsirup

Ist auch im Sortiment von Reformhaus, Drogerie und Bioladen.

Ofenfrisch

Birnenquarktorte mit Holunderbeeren

für eine Springform von
26 cm Durchmesser

Mürbeteig
200 g Halbweißmehl/
Mehltype 550
1 TL Backpulver
60 g feiner Rohrohr-zuk-
ker
½ TL Salz
100 g kalte Butter-stück-
chen
1 Ei, 1–3 EL Wasser

Füllung
3 Eier
250 g Blanc battu/
Magerquark
200 g Vollmilch- oder
Rahm-/Sahnequark
80 g Rohrohrzucker
1 unbehandelte Zitrone,
abgeriebene Schale und
2 EL Saft
25 g Stärkemehl
30 g Weizengrieß
60 g Schokoladen-
würfelchen

5–6 saftige reife Birnen,
z. B. Williams
200 g Holunderbeeren

1 Für den Mürbeteig Mehl, Backpulver, Zucker und Salz mischen. Butterstückchen zugeben, mit dem Mehl krümelig reiben.
Das verquirlte Ei zugeben, rasch zu einem Teig zusammenfügen, eventuell etwas Wasser zugeben, nicht kneten. Den Teig in Klarsichtfolie einwickeln, mindestens 30 Minuten kühl stellen.

2 Den Boden und den Rand der Springform mit Butter einfetten. Zwei Drittel der Teigmenge direkt auf dem Boden ausrollen. Den Ring aufsetzen. Den restlichen Teig zu einer Rolle formen, in die Form legen und mit zwei Fingern so an den Rand drücken, dass ein 4 cm hoher Rand entsteht, den Teigboden mit der Gabel mehrmals einstechen.

3 Für die Füllung Eier trennen. Eigelb, Blanc battu, Quark, Zucker, Zitronenschalen und -saft, Stärkemehl und Grieß glattrühren, die Scholadenwürfelchen unterrühren. Das Eiweiß mit einer Prise Salz zu Schnee schlagen, unter die Quarkmasse heben.

4 Den Backofen auf 180 °C vorheizen.

5 Die Hälfte der Holunderbeeren auf den Teigboden verteilen, die Quarkmasse darauf gießen und glatt streichen. Die Birnen schälen, vierteln und entkernen, Viertel in feine Scheiben schneiden, fächerartig auf die Quarkfüllung legen.

6 Die Quarktorte in der Mitte in den Backofen schieben, bei 180 °C 50 bis 60 Minuten backen. 10 Minuten vor Ende der Backzeit restliche Holunderbeeren über die Torte streuen. In der Form auskühlen lassen.

Dinkeltarte mit Holdersturm und Apfeleis

Holdersturm
15 g Butter
20 g feines Hafermehl
2½ dl/250 ml Milch
500 g Holunderbeeren
50 g Birnendicksaft

Apfeleis
1 Becher Halbrahm/Sahne
60 g Rohrohrzucker
2 dl/200 ml Apfelsaft
½ unbehandelte Zitrone, abgeriebene Schale und Saft

Tarte
75 g Weißmehl
35 g Vollkornmehl
50 g kalte Butterstückchen
1 Prise Salz
20 g Birnendicksaft
2 EL Wasser

20 g flüssige Butter
80 g Apfelmus
2 Äpfel
Birnendicksaft
Zimtpulver

1 Für das Apfeleis sämtliche Zutaten kräftig verrühren, über Nacht im Kühlschrank ruhen lassen. Anderntags in der Eismaschine gefrieren oder in einer flachen Schale im Tiefkühler fest werden lassen.
2 Für die Tarte die beiden Mehle mischen, die Butterstückchen zufügen und mit dem Mehl krümelig reiben. Salz und Birnendicksaft im Wasser auflösen, zum Mehlgemisch geben, zu einem kompakten Teig zusammenfügen, nicht kneten. In Folie einwickeln, 30 Minuten kühl stellen.
3 Den Backofen auf 180 °C vorheizen.
4 Den Teig in 4 Portionen teilen, 2 mm dick ausrollen, rund ausstechen, auf ein eingefettetes Blech legen, mit der flüssigen Butter bepinseln. Das Apfelmus darauf ausstreichen. Äpfel schälen, vierteln und entkernen, Fruchtviertel in feine Scheiben schneiden, auf die Teigrondellen legen, wenig Birnendicksaft darauf geben, mit Zimtpulver bestreuen. Tartes im vorgeheizten Ofen bei 180 °C 8 bis 10 Minuten backen. Warm stellen.
5 Für den Holdersturm das Hafermehl in der Butter andünsten, die Milch nach und nach unterrühren, bei schwacher Hitze unter ständigem Rühren 5 Minuten kochen, Holunderbeeren zufügen, mit Birnendicksaft süßen. Das Kompott in Schalen anrichten, mit einer Kugel Apfeleis garnieren.

Holunderbeermuffins

für 12 Muffins oder
24 Mini-Muffins

375 g Weißmehl/
Mehltype 405
2 TL Backpulver
140 g feiner heller
Vollrohrzucker
125 g flüssige Butter
2 Eier
2½ dl/250 ml Milch
150 g Holunderbeeren

1 Den Backofen auf 210 °C vorheizen. Die Muffinförmchen mit Butter einfetten.
2 Mehl, Backpulver und Zucker mischen. Butter, Eier und Milch verrühren, zum Mehl geben und unterrühren. Die Holunderbeeren unter den Teig mischen. In die Förmchen füllen
3 Holunderbeermuffins im vorgeheizten Ofen bei 210 °C 20 Minuten backen.

Getränke

Holunderbeersaft – Holunderbeersirup

Holunderbeersaft

1½ kg Holunderbeer-dolden
1 dl/100 ml Wasser

1 Für den Holunderbeersaft die Beeren unterhalb der Dolden abschneiden (ergibt etwa 1 kg Beeren). Die Holunderbeeren mit dem Wasser aufkochen, etwa 20 Minuten bei schwacher Hitze kochen. Ein Salatsieb mit einem Gaze- oder Küchentuch auslegen, auf eine Schüssel stellen. Das Holunderbeermus hineingießen und abtropfen lassen (im Handel gibt es auch Abtropfsäcke). Holunderbeersaft kochend heiß in vorgewärmte Flaschen mit Schraubverschluss füllen, sofort verschließen.

Holunderbeersirup

Holunderbeersaft, siehe oben
500 g Zucker

2 Für Holunderbeersirup den Holundersaft mit dem Zucker aufkochen, Schaum abschöpfen. Heißen Holunderbeersirup kochend heiß in vorgewärmte Flaschen mit Schraubverschluss füllen, sofort verschließen.

Holunderblütensekt

9 l Wasser
1 l Weißwein
1,4 dl/140 ml Weißwein-essig (4½ %)
1 kg Zucker
1 Zitrone, in Scheiben
50 g Sultaninen
200 g Holunderblüten

1 Alle Zutaten in einen großen Kunststoffeimer geben und gut mischen. Mit einem Tuch zudecken und an einen warmen Ort stellen. Jeweils morgens und abends gut rühren.

2 Am 8. Tag den Sekt durch ein Küchentuch/Mulltuch passieren und in Champagnerflaschen (ein absolutes Muss) füllen. Mit Plastik-Sektkorken (im Fachhandel erhältlich) verkorken und verdrahten. Im kühlen Keller kommt es zur zweiten Gärung, der Flaschengärung. Vorsicht: Es kann vorkommen, dass durch den hohen Innendruck einmal eine Flasche in Brüche geht. Der Sekt ist nach 4 Monaten trinkbereit. Sein volles Aroma entfaltet er aber erst nach rund 3 Jahren.

3 Flaschen öffnen: Den Sekt stark kühlen. Öffnen und gleich wieder mit einem Klemmzapfen verschließen. Den Sekt einige Stunden an der Kühle ruhen lassen.

Auch für Verwöhnte

Die Arbeit und Mühe lohnt sich in jedem Fall. Der Sekt lässt bezüglich Aroma keine Wünsche offen.

Erdbeer-Holunderblüten-Kir

5–10 große Holunder-blütendolden
200 g Zucker
3–4 Zitronenscheiben
½ l Wasser

500 g Erdbeeren
300 g Zucker
1 Zitrone, Saft

Weißwein oder Prosecco oder kohlensäurehaltiges Mineralwasser

1 Holunderblüten auf Insekten/Ungeziefer kontrollieren, dieses abschütteln oder abstreifen, Blüten abschneiden, in einer Glasschale mit 200 g Zucker mischen, leicht zerstampfen, mit den Zitronenscheiben belegen, zugedeckt 12 bis 24 Stunden stehen lassen.
2 Holunderblüten mit Zucker, Zitronenscheiben und Wasser aufkochen, bei schwacher Hitze 5 Minuten kochen, abseihen.
3 Erdbeeren waschen, Stiele entfernen, Früchte zerkleinern, mit dem Zucker aufkochen, 2–3 TL Zitronensaft und Holunderblütensirup zufügen, aufkochen, bei schwacher Hitze 5 Minuten kochen, pürieren, eventuell braucht es etwas mehr Wasser.
4 Erdbeer-Holunderblüten-Püree kochend heiß in Gläser mit Schraubverschluss füllen, sofort verschließen. Das Püree erkalten lassen. Die Gläser kühl lagern.
5 Püree kurz vor dem Servieren mit spritzigem Weißwein, Prosecco oder kohlensäurehaltigem Mineralwasser aufmixen.

Melonen-Molke-Drink

1 Honigmelone
1 l Molke
Holunderblütensirup,
Seite 85
2 Zitronen, Saft
1 Pfefferminzzweiglein
kohlensäurehaltiges
Mineralwasser

1 Melone halbieren und entkernen, Fruchtfleisch mit einem Esslöffel herauslösen, mit der Molke pürieren, Drink mit Zitronensaft und Holunderblütensirup abschmecken. In einen Krug gießen, die Pfefferminze zufügen, kühl stellen.

2 Das Pfefferminzzweiglein entfernen, den Drink mit wenig kohlensäurehaltigem Mineralwasser aufmixen. In Gläser füllen. Mit Fruchtspießchen oder Zitronenscheibe garnieren.

Variante

Die Molke durch Apfelsaft ersetzen.

Würziger Holunderpunsch

2½ dl/250 ml Holunderbeersaft, Seite 78
½ l Wasser
2½ dl/250 ml Apfelsaft
2 EL Birnendicksaft
2 Zimtstangen
1 Nelke
1 Msp Vanillepulver
1 Stück Schale einer unbehandelten Orange
4 EL Honig
einige EL Rum

1 Zutaten, ohne Honig und Rum, aufkochen und 5 Minuten zugedeckt ziehen lassen. Die Gewürze entfernen.
2 Den Holunderpunsch mit Honig und Rum abschmecken. Möglichst heiß servieren.

Holunderpunsch

1 l Apfelsaft
4 dl/400 ml Holunderbeersaft, Seite 78
1 Zitrone, in Scheiben, entkernt
2 EL Zucker

Alle Zutaten in einen Kochtopf geben und erhitzen. Ein paar Mal rühren, damit sich der Zucker auflösen kann. Heiß genießen.

Holunderbeerlikör

1 kg Holunderbeeren
125 g Zucker je Liter Saft
9 dl/900 ml klarer Holunderschnaps

1 Holunderbeeren und Zucker aufkochen. Einige Zeit stehen lassen. Durch ein Spitzsieb oder ein Mulltuch/Küchentuch passieren. Erkalten lassen.
2 Holundersaft und Holunderschnaps mischen. In eine Flasche füllen.

Holunderblütensirup

1 l Wasser
1 dl/100 ml Apfelessig
oder Saft von 1–2 Zitronen
4–5 Holunderblütendolden
500–600 g Zucker

1 Wasser und Apfelessig oder Zitronensaft aufkochen, über die Blütendolden gießen. Zugedeckt 24 Stunden stehen lassen.
2 Holunderblütenflüssigkeit abseihen, mit dem Zucker aufkochen, Sirup in vorgewärmte Gläser oder Flaschen füllen und verschließen.

Konfitüren

Kompott • Chutneys

Erdbeer-Holunderblüten-Konfitüre

10 Holunderblütendolden
200 g Zucker
2 dl/200 ml Wasser
750 g Erdbeeren
200 g Zucker
25 g Unigel oder Gelfix oder Konfigel
½ dl/50 ml Zitronensaft

1 Die Holunderblüten auf Ungeziefer/Insekten kontrollieren, Zweige vorsichtig schütteln oder Ungeziefer abstreifen, Blüten von den Dolden schneiden, in eine Schüssel geben, mit 200 g Zucker mischen, zugedeckt 24 Stunden ziehen lassen. Wasser erhitzen, über die Blüten gießen. Schüsselinhalt in einen Topf geben, aufkochen, abseihen.
2 Erdbeeren entstielen, zerkleinern, in einer Schüssel mit dem restlichen Zucker mischen, über Nacht zugedeckt ziehen lassen.
3 Erdbeeren, Holunderblütensaft und Geliermittell erhitzen, einige Minuten kochen, mit Zitronensaft «abschmecken».
4 Erdbeer-Holunderblüten-Konfitüre kochend heiß in vorgewärmte Gläser füllen, sofort verschließen.

Brombeer-Holunder-Konfitüre

600 g Brombeeren
400 g Holunderbeeren
1 kg Gelierzucker

1 Brombeeren, Holunderbeeren und Gelierzucker unter Rühren aufkochen, 5 Minuten sprudelnd kochen.
2 Brombeer-Holunderbeer-Konfitüre kochend heiß in vorgewärmte Gläser füllen, sofort verschließen.

Pikantes Holunderbeerkompott

1 kg Holunderbeerdolden
½ l Apfelsaft
200 g Zucker
50 g gedörrte Apfelringe, klein gewürfelt
1 Chilischote, längs aufgeschnitten, entkernt
1 TL Agar-Agar-Pulver (Bioladen/Reformhaus)

1 Die Holunderbeerdolden unter fließendem Wasser waschen, die Beeren von den Stielen zupfen.
2 Holunderbeeren, Apfelsaft, Zucker, Äpfel und Chilischote in einem großen Kochtopf aufkochen, bei schwacher Hitze 15 Minuten kochen. Das Agar-Agar-Pulver mit wenig kaltem Wasser anrühren, unter das Kompott rühren, bei schwacher Hitze 5 Minuten kochen.
3 Das Kompott kochend heiß in Gläser füllen, sofort verschließen.

Holunder-Apfel-Gelee

800 g Äpfel
½ l Holunderbeersaft, Seite 78
1 kg Gelierzucker
½ Zitrone, Saft

1 Äpfel schälen, vierteln und entkernen. Fruchtviertel in kleine Stücke schneiden.
2 Äpfel, Holunderbeersaft, Gelierzucker und Zitronensaft unter Rühren aufkochen, 4 Minuten sprudelnd kochen. Das Holunder-Apfel-Gelee hat die richtige Konsistenz, wenn es zähflüssig vom Kochlöffel tropft.
3 Gelee kochend heiß in vorgewärmte Gläser füllen, sofort verschließen.

Süßes Holunderbeerkompott

1 kg Holunderbeeren
120–160 g Zucker
1 Vanilleschote, aufgeschnitten
1 dl/150 ml Weißwein

1 Holunderbeeren, Zucker, Vanilleschote und Weißwein aufkochen. Schote entfernen.
2 Den Topfinhalt in ein Sieb gießen, den Saft auffangen.
3 Ein Drittel der Holunderbeeren pürieren und durch ein Sieb streichen.
4 Holunderbeerpüree und restliche Beeren mischen, ein wenig Holunderbeersaft unterrühren. Das Kompott kochend heiß in Gläser füllen, sofort verschließen.

Holunderbeer-Chutney

1 kg Holunderbeeren
100 g grob gehackte Zwiebeln
wenig frische Ingwerwurzel, geschält und fein gehackt
150 g Vollrohrzucker
10 zerdrückte Senfkörner
1 Bund Thymian, Blättchen abgezupft
wenig Cayennepfeffer

1 Alle Zutaten aufkochen und bei schwacher Hitze 10 Minuten kochen, in ein Sieb gießen, den Holunderbeersaft auffangen.
2 Den Holunderbeersaft in den Topf zurückgießen, einkochen lassen. Übrige Zutaten wieder zufügen, abermals aufkochen.
3 Holunderbeer-Chutney kochend heiß in vorgewärmte Gläser füllen, sofort verschließen.

Rotwein-Holunderbeer-Chutney

2 dl/200 ml kräftiger Rotwein
1 dl/100 ml Balsamico
200 g Birnendicksaft
500 g Holunderbeeren
80 g Ingwer
1 Lorbeerblatt
1 Nelke
1 unbehandelte Zitrone, abgeriebene Schale und Saft
5 Wacholderbeeren, zerdrückt
150 g Boskoop
1 TL Tamari (Sojasauce)
½ TL Agar-Agar-Pulver (Reformhaus)

1 Rotwein, Balsamico und Birnendicksaft aufkochen, auf einen Viertel einkochen lassen.
2 Ingwer schälen und klein würfeln. Äpfel ebenfalls schälen, vierteln, entkernen und klein würfeln.
3 Alle Zutaten zur Rotwein-Balsamico-Reduktion geben, unter Rühren aufkochen, 5 Minuten sprudelnd kochen. Eventuell nachwürzen.
4 Das Rotwein-Holunderbeerchutney kochend heiß in vorgewärmte Gläser füllen, sofort verschließen.

Register

A

abführend 20

Angina 20

Apfel 28, 48, 55, 60, 72, 91

Apfel, Dörr- 60, 89

Apfeleis 72

B

Birne 50, 70

Blütezeit 12, 16

Blutreinigungsmittel 20

Brombeere 88

C

Creme, Vanille- 54

Crêpe 51

D

Drink 22

Durchfall 20

E

Erdbeere 52, 80, 88

Erkältung 20

Erwerbsanbau 12

Esskastanie 42, 56

F

Färbemittel 22

Filoteig 44

Fleisch, Hirsch- 26, 28, 38

Fleisch, Poulet- 36

Fleisch-, Reh- 32, 40

Fleisch, Wildhasen- 30

Fleisch, Wildschwein- 34

Fond, Wild- 26, 30, 32, 38, 40

G

Gelee, Holunder-Apfel- 28, 89

Gicht 20

Grieß, Weizen- 55

Grippe 20

gurgeln 20

H

Halsschmerzen 20

harntreibend 20

Haselnuss 30

Hausgarten 12, 14, 16

Hautkrankheit 20

Heilpflanze 20

Hildegard von Bingen 20

Himbeere 58

Himbeeressig 32

Hippokrates 20

Holunder, Roter 16

Holunder, schwarzer 12

Holunder, weißer 16

Holunderbeere 26, 28, 30, 70, 72, 74, 78, 88, 89, 90, 91

Holunderbeere, abstreifen 21

Holunderbeere, getrocknet 20

Holunderbeere, roh 21

Holunderbeere, tiefkühlen 21

Holunderbeere, trocknen 21

Holunderbeer-Chutney 36, 40, 41, 42, 44, 90, 91

Holunderbeergelee 56

Holunderbeerkompott, pikantes 32, 34, 38, 48, 89

Holunderbeerkompott, süßes 48, 50, 51, 54, 56, 60, 66, 72, 90

Holunderbeerlikör 30, 63, 85

Holunderbeersaft 20, 22, 50, 55, 56, 78, 84, 89

Holunderbeersauce 38

Holunderbeersauce, vegetarische 41, 44

Holunderbeerschaum 42

Holunderbeersirup 78

Holunderbeersorbet 63

Holunderblüte 79, 80, 88

Holunderblüte, pflücken 21

Holunderblüte, trocknen

Holunderblütenküchlein 62

Holunderblütenparfait 64

Holunderblütensekt 63, 79

Holunderblütensirup 52, 58, 63, 82, 85

Holunderblütensorbet 63

Holunderpunsch 84
Holunderravioli, süße 54
Holunderschnaps 85

I
Immunsystem 20
J
Johannisbeere 28

K
Karotte 44
Kartoffel 36, 48, 54
Kastanie, Ess- 42, 56
Kir 80
Klößchen, Grieß- 55
Konfitüre 88
Kulturform 12
Kürbis 42, 58

L
Lauch 44

M
Maisschnitte 34
Mandeln 42
Mango 64
Marinade, Rotwein- 32
Maroni 42, 56
Maronischaum 56
Melone 82
Molke 82
Mousse, Quark- 52
Muffin 74

P
Panna Cotta 50
Parfait, Holunderblüten- 64
Parfait, Sandorn- 66
Parmesan 34, 36, 31
Pastinake 41, 42
Pflanzen 18
Pflege 18
Pilze 31, 32, 34
Punsch 84

Q
Quitte 50

R
Reifezeit 12, 16
Rheuma 20
Risotto 31
Rotkabis 28, 44
Rotkohl 28, 44

S
Sambucus nigra 12
Sambuus nigra Albida 16
Sambucus nigra Aurea 14
Sambucus nigra Black Beauty 14
Sambucus nigra Black Lace 14
Sambucus ebulus 17
Sambucus nigra Guincho Purple 14
Sambucus racemosa 16
Sanddornbeeren 66
Sanddornsirup 66
Sauce, Frucht-. 64
Sesamsamen 42

Sch
Schinken, Hirsch- 38
schleimlösend 20
Schnitt 18
Schokolade 70
Schupfnudeln 48
schweißtreibend 20
Schwitzkur 20

T
Tee, Holunderblüten- 20, 21
Teig, Muffin- 74
Teig, Mürbe- 70
Teig, Tarte- 72
Terrine, Apfel- 60

W
Wildform 12

Z
Zwergholunder 17